AF455263

Emérita Moreno Pavón

PROPUESTA DE PROGRAMACION DE AULA

LENGUA CASTELLANA Y LITERATURA

4º ESO

ISBN: 978-1-84799-933-7

Depósito Legal: BA-513-07

Diseño cubierta: Emérita Moreno Pavón

Editorial Lulu Enterprises
26-28 Hammersmith Grove
London W6 7BA

Impreso en España - Printed in Spain
Publicaciones Digitales, S.A.
C/ San Florencio, 2.
41018 Sevilla.Spain

ÍNDICE

INTRODUCCION

En numerosas editoriales, en páginas Web, podemos hallar Programaciones Didácticas sobre Lengua Castellana y Literatura. Luego se preguntarán ¿por qué presentarla como un libro? Son varios los motivos que me llevan a ello; en primer lugar porque este documento ha sido utilizado con mis alumnos de 4º curso, además en esta programación- a diferencia de la mayoría de los libros de texto de secundaria- hace una separación entre contenidos de lengua y los de literatura. Cabe destacar también que en los contenidos se ha hecho hincapié en aquellos que afectan a nuestra comunidad; pongo por caso, se ha tratado como unidad didáctica el "extremeño" y, al tratar los movimientos literarios, se ha añadido autores extremeños o vinculados a nuestra comunidad.

El siguiente texto está compuesto de una serie de apartado que siguen la normativa vigente relativa a las Programaciones Didácticas; me refiero al **artículo 68 del Reglamento Orgánico de Centro** que indica que toda programación incluirá los siguientes apartados: objetivos y contenidos, distribución temporal de los contenidos, criterios de evaluación y calificación así como procedimientos que se utilizan para evaluar. También contendrá los materiales, recursos y metodología didácticas, temas transversales, actividades complementarias y extraescolares, medidas de atención a la diversidad y adaptaciones curriculares.

Además he considerado oportuno añadir otros apartados que hacen una pequeña reflexión sobre la planificación educativa en el ámbito de nuestra Comunidad, así como el uso de las Tecnologías de la Información y la Comunicación tan potenciado por las instituciones extremeñas. Además de ello, la última parte del texto está compuesta por las unidades didácticas que se han desarrollado con alumnos de 4º curso en periodo lectivo.

Así pues, es un trabajo hecho por y para alumnos de Extremadura que ha sido llevado a la práctica, en ocasiones, con acierto y en otras con poco...pero si vinculado a la difícil tarea de la enseñanza de Lengua Castellana y Literatura.

1.- MARCO GENERAL DE LA ENSEÑANZA EN EXTREMADURA

El modelo educativo que propone la Junta de Extremadura fomenta la construcción del conocimiento y de los valores humanos y universales, potencia la comprensión de nuestras peculiaridades regionales y fortalece nuestra propia identidad cultural facilitando el uso de medios tecnológicos adecuados y conectados a las redes de información y la comunicación.

La Educación es esencial en un estado de bienestar que pretende una educación de calidad para todos, mediante una política de compensación que potencie la igualdad de oportunidades e incremente los niveles de calidad y participación activa de la comunidad educativa.

El Currículo de Educación Secundaria Obligatoria en Extremadura (Decreto 87/2002) nace del conocimiento de la realidad educativa de la Comunidad Autónoma de Extremadura, de las aportaciones y del enriquecimiento de la totalidad de los sectores de la Comunidad Educativa y del consenso entre todas las partes involucradas; esto lo convierte en un instrumento utilizado por todos los centros y todo el profesorado extremeño.

2.- JUSTIFICACION DE UNA PROGRAMACION DE AULA

La planificación es necesaria en cualquier actividad organizada y sistemática para conseguir unas metas determinadas. Cuando hablamos del proceso de enseñanza-aprendizaje, la elaboración de un plan que prevea su puesta en práctica, recibe el nombre de Programación.

Programar es establecer una serie de actividades en un contexto y un tiempo determinados para enseñar unos contenidos con la pretensión de conseguir varios objetivos. La programación es un proceso continuo que se preocupa no solamente del lugar a donde ir, sino también de cómo ir hacia él, o sea, a través de los medios y los caminos más adecuados.

La necesidad de una programación está ampliamente justificada porque nos ayudará a eliminar la improvisación, a eliminar programas incompletos ya que instaura una reflexión sobre la secuenciación y temporalización, contará con suficiente flexibilidad para dejar margen a la creatividad, a la reforma de contenidos y a la adecuación del currículo, porque permite adaptar el trabajo pedagógico a las características culturales y ambientales del contexto y porque sistematiza, ordena y concluye el esfuerzo conjunto realizado en el proyecto educativo y en el proyecto curricular.

Toda Programación debe contener los objetivos, contenidos y criterios de evaluación para la materia y curso, los temas transversales, distribución temporal de los contenidos , metodología didáctica a aplicar, los procedimientos de evaluación del aprendizaje, los criterios de calificación, las actividades de recuperación para los alumnos con asignaturas pendientes y las profundizaciones y refuerzos para lograr dicha recuperación, materiales y recursos didácticos que se vayan a utilizar, las actividades complementarias y extraescolares que se pretenden realizar desde el departamento y las medidas de atención a la diversidad y las adaptaciones curriculares para los alumnos que las precisen.

3.- METODOLOGÍA DIDÁCTICA ESPECÍFICA PARA LENGUA Y LITERATURA

El grupo al que nos dirigimos tiene una serie de características físicas, sociales y psicológicas a tener en cuenta. Por ello es importante crear un clima de aceptación mutua y cooperación que favorezca las relaciones entre iguales, la coordinación de intereses y la superación de cualquier tipo de discriminación.

Hay que tener presente que la autoestima y el equilibrio personal y afectivo son elementos muy vulnerables en los alumnos de la etapa de enseñanza secundaria; por ello se facilitará la comprensión de los importantes cambios que se producen en el desarrollo fisiológico y psicológico en estas edades, de manera que se dé una valoración positiva de los mismos y que se les considere como algo enriquecedor.

A lo largo de la etapa se completará la socialización de los adolescentes a través de los procesos de diferenciación e integración personales y se consolidarán los criterios y las actitudes individuales. La construcción de la propia identidad no se realiza al margen del medio sociocultural sino que implica el pronunciamiento respecto a las ideas, principios y valores vigentes; se favorecerá el desarrollo en los adolescentes del juicio crítico ante determinadas pautas de comportamiento social.

La metodología empleada a lo largo de todo el curso académico será eminentemente activa y participativa. Tanto los contenidos como los objetivos exigen un método inductivo en el que el alumno, ya sea en grupo (trabajo cooperativo entre 4 o 6 alumnos), ya sea de manera individual, indague y profundice sobre las ideas que se expongan en clase. Las explicaciones del profesor deben ser mínimas y deben presentarse con una estructuración clara de sus relaciones planteando la interrelación entre distintos contenidos de una misma área y entre los contenidos de distintas áreas. La labor del alumno será mayor de tal modo que "aprenda a aprender" mediante la adquisición de estrategias como la exploración, descubrimiento, planificación y regulación de la propia actividad.

Se facilitará el intercambio de ideas y opiniones entre los alumnos con técnicas como la tormenta de ideas inicial o el debate al final de la unidad didáctica. Asimismo, la consulta de todo tipo de recursos (libros, grabaciones, televisión, ordenadores) suscitará la búsqueda de soluciones a través de la actividad propia del alumno. El libro de texto servirá de apoyo a las explicaciones teóricas del profesor, que puede exponer el tema a través de diapositivas; si el libro de texto no se adecuara a los objetivos de cada unidad didáctica se emplearán fotocopias o presentaciones.

Los textos formarán una parte muy importante en todas las unidades que se desarrollen puesto que se consideran fundamentales para trabajar de manera continuada la lectura, la comprensión, la ortografía y también para mejorar la expresión viendo modelos para seguir.

La estructura metodológica de cada unidad podría esquematizarse en distintos momentos: En primer lugar sondearemos al grupo para conocer sus conocimientos previos y los intereses de los alumnos. A lo largo de la unidad se alternará la explicación, la realización de actividades de motivación, construcción, generalización y aplicación para desarrollar las capacidades, aptitudes y actitudes del alumnado. Para terminar mediante conclusiones contrastadas con los demás, dando respuesta o satisfacción a inquietudes e interese planteados inicialmente.

Por último señalar las pautas psicopedagógicas debemos partir de qué enseñar, cuándo y cómo enseñar y qué, cuándo y cómo evaluar. Seguiremos las siguientes estrategias metodológicas en E.S.O.: Partir del nivel del alumno, de sus experiencias previas y de su estadio evolutivo; proporcionar aprendizajes significativos y funcionales que faciliten el propio desarrollo intelectual (aprender a aprender); evaluar de forma continua e individualizada con el fin de reajustar los procesos de enseñanza a los diferentes ritmos de aprendizaje; normalización, diversificación e inclusividad como fundamento presente en las adecuaciones educativas y desarrollo de unas actitudes concretas; como ya se ha dicho partimos de una metodología motivadora, activa, creativa, constructiva, redescubridora y eminentemente comunicativa.

En todo caso, la metodología tendrá como objeto "entrenar" al alumno en una serie de destrezas y habilidades básicas de Lengua castellana y literatura. Lengua y Literatura estarán estrechamente unidas a lo largo del curso puesto que se procurará que en cada unidad, se trabajen ambas, aunque una sea de modo secundario.

4.-OBJETIVOS

4.1 Objetivos Generales de Etapa

a. Formarse una imagen ajustada de sí mismo, de sus características y posibilidades y actuar de forma autónoma, valorando el esfuerzo necesario para resolver las dificultades y aprender de los propios errores.

b. Desarrollar actitudes y comportamientos de cooperación, respeto, solidaridad y tolerancia en las relaciones con los demás, manteniendo una actitud objetiva, crítica y de superación de los prejuicios y de las prácticas de discriminación en razón de raza, sexo, creencias, cultura o las características personales o sociales.

c. Conocer, comprender y valorar los aspectos básicos del funcionamiento del propio cuerpo y las consecuencias que para la calidad de vida individual y colectiva tienen los hábitos del ejercicio físico, de la higiene, de la alimentación equilibrada y el consumo inteligente.

d. Comprender y expresar mensajes en lengua castellana verbalmente y por escrito o, en su caso, mediante lenguajes alternativos o complementarios, con propiedad, autonomía y creatividad, tanto en los procesos de comunicación como en la organización de los propios pensamientos, reflexionando sobre los procesos implicados en el uso del lenguaje.

e. Comprender y expresar con propiedad mensajes en la lengua o lenguas extranjeras objeto de los procesos de enseñanza-aprendizaje verbalmente y por escrito o, en su caso, mediante lenguajes alternativos o complementarios, teniendo en cuenta que sus resultados serán un instrumento fundamental para la incorporación de los extremeños al proceso de integración europea.

f. Conocer, elaborar y aplicar, individualmente o en colaboración con otros, estrategias de identificación, de definición, delimitación y de resolución de problemas mediante el uso de procedimientos intuitivos, experimentales, de razonamiento lógico, y de revisión en los diferentes campos del conocimiento y de la experiencia.

g. Conocer, usar de forma autónoma y creativa e interpretar los códigos artísticos, valorando su función social y comunicativa y su capacidad para expresar y representar la realidad.

h. Conocer y valorar el desarrollo científico y tecnológico interpretando y aplicando sus códigos para enriquecer las posibilidades de comunicación y para hacer un análisis de las causas y las consecuencias que su práctica tiene sobre las personas, la sociedad y el entorno.

i. Utilizar las Nuevas Tecnologías de la Información y la Comunicación, para el desarrollo personal, adquirir conocimientos, resolver problemas y facilitar las relaciones interpersonales, valorando críticamente su utilización.

j. Utilizar procedimientos de selección, recogida, organización y de análisis crítico de la información que procede de distintas fuentes para la adquisición de conocimientos y desarrollo de capacidades, y para transmitirla de manera autónoma, organizada, coherente e inteligible.

k. Conocer, analizar los rasgos básicos y apreciar el patrimonio natural, cultural, lingüístico e histórico, priorizando las particularidades de la Comunidad Autónoma de Extremadura como referente y punto de partida para mejorar el futuro de nuestra comunidad y abordar realidades más amplias, contribuyendo a su conservación y mejora y desarrollando actitudes de respeto hacia la diversidad entendida como derecho de los pueblos y de las personas.

l. Conocer y analizar los valores y mecanismos que rigen el funcionamiento de las sociedades, tanto las actuales como las históricas, de una manera especial los relativos a los derechos y deberes de los ciudadanos en los ámbitos sociales para elaborar juicios y criterios personales con respecto a ellos.

4.2 Objetivos Generales para el Área de Lengua castellana y Literatura (4º ESO)

1. Comprender y utilizar la lengua para expresarse oralmente y por escrito de la forma más adecuada en cada situación de comunicación.

2. Reconocer y ser capaz de utilizar los diferentes tipos de textos y sus estructuras formales.

3. Conocer y usar las normas lingüísticas, con especial atención a las ortográficas, que se consideren vigentes en el momento actual.

4. Conocer los principios fundamentales de la gramática española, reconociendo las diferentes unidades de la lengua y sus combinaciones.

5. Conocer y valorar la realidad plurilingüe y pluricultural de España y considerar las diferentes situaciones que plantean las lenguas en contacto. Valorar las hablas extremeñas, reconocer su distribución geográfica, sus rasgos más característicos y la oportunidad de uso.

6. Conocer y comprender las principales formas de la tradición literaria occidental.

7. Reconocer los principales géneros de la tradición literaria.

8. Distinguir las principales épocas artísticas y literarias, sus rasgos característicos y los autores y obras más representativos de cada una de ellas. Conocer y analizar las principales obras literarias de escritores extremeños, señalando su relevancia en el conjunto de la literatura en castellano.

9. Conocer las obras y fragmentos representativos de la literatura castellana –incluidos los de autores extremeños- de las lenguas constitucionales y de las obras fundamentales de la literatura universal.

10. Utilizar la lengua para adquirir nuevos conocimientos.

11. Incorporar la lectura y la escritura como formas de enriquecimiento y disfrute personal.

12. Aprender y utilizar técnicas sencillas de manejo de la información: búsqueda, elaboración y presentación, con ayuda de los medios tradicionales y la aplicación de las Nuevas Tecnologías. Enfrentarse a la información obtenida con el espíritu crítico necesario.

5.-CONTENIDOS

5.1 BLOQUE 1: COMUNICACIÓN

CONCEPTOS:

- Los elementos de la comunicación en los medios audiovisuales.
  - Los medios de comunicación audiovisuales: radio y televisión.
  - El lenguaje de la publicidad.
- Estructuras formales del texto: exposición y argumentación.
  - La exposición oral: la conferencia.
  - La exposición escrita: el trabajo monográfico. Estructuras expositivas (currículum, instancia, carta, correo electrónico, etc.)
  - La argumentación oral: el debate.
  - La argumentación escrita: el ensayo. Estructuras argumentativas (reclamación, recurso, etc.).

PROCEDIMIENTOS:

- Explicación de la terminología empleada en los conceptos.
- Lectura, comentario y análisis de textos periodísticos orales.
- Análisis y comentario oral o escrito de textos orales o escritos expositivos y argumentativos.
- Preparación, realización y evaluación, individualmente o en pequeño grupo, de diferentes mensajes publicitarios que empleen distintos códigos.
- Preparación, realización y evaluación, individualmente o en pequeño grupo, de exposiciones y argumentaciones orales y escritas.

ACTITUDES:

- Valoración de la lengua oral como instrumento que permite satisfacer las necesidades de comunicación.
- Valoración y respeto por las normas que rigen el intercambio comunicativo en diálogos, coloquios, debates, etc.
- Receptividad y respeto por las opiniones ajenas expresadas a través de la lengua oral.
- Valoración de la lengua escrita como medio de información, almacenamiento y de transmisión de cultura.
- Recepción activa y actitud crítica ante los mensajes de los medios de comunicación audiovisuales.
- Valoración de los lenguajes no verbales como instrumentos de comunicación y de regulación y modificación de conductas.
- Actitud crítica ante los usos discursivos, verbales como instrumentos de comunicación y de regulación y modificación de conductas.
- Rechazo ante usos de la lengua que suponen discriminación social, sexual, racial o de cualquier otro tipo.
- Actitud de superación en la realización de las propias producciones, orales o escritas, y valoración de la claridad, el orden y la limpieza en su presentación.

5.2 BLOQUE 2: LENGUA Y SOCIEDAD

CONCEPTOS

- El español actual.
- El extremeño: rasgos dialectales y vulgarismos.
- El español de América.

PROCEDIMIENTOS

- Explicación de la terminología empleada en los conceptos.
- Localización en un mapa del mundo de los países donde se habla español.
- Análisis de los principales rasgos de las manifestaciones del español de América a través de algunas lecturas y de producciones televisivas de diferentes países hispanoparlantes.
- Análisis de los rasgos de las principales hablas del extremeño sobre textos orales transcritos.

ACTITUDES

- Interés, respeto y reconocimiento de la riqueza que supone la variedad de lenguas de España.
- Valoración, sin complejos infundados, de las peculiaridades del extremeño.
- Respeto e interés por la riqueza que suponen para nuestra comunidad las diferentes hablas que integran el extremeño.

5.3 BLOQUE 3: ESTUDIO DE LA LENGUA

CONCEPTOS

- Fonética y ortografía (IV).
  - — Abreviaturas, acrónimos y siglas.
  - — Los correctores ortográficos en procesadores de textos.
- Norma culta de la lengua española (IV).
  - — Principales problemas sintácticos.
  - — La concordancia y el orden.
  - — Préstamos léxicos.
- Gramática.
  - — Proposiciones subordinadas: sustantivas, adjetivas y adverbiales.
  - — La yuxtaposición.
  - — Texto y discurso. Principales marcadores.
- Léxico (IV).

— Formación del léxico de la lengua española: voces patrimoniales, préstamos, neologismos.

PROCEDIMIENTOS

- Explicación de la terminología empleada en los conceptos.
- Autoevaluación ortográfica.
- Copia de textos y realización de trabajos en el ordenador con utilización a priori y a posteriori de correctores ortográficos.

- Reconocimiento de categorías y estructuras gramaticales por medio de comentarios gramaticales, orales y escritos, de textos orales o escritos completos.
- Transformación (inclusión, sustitución) de conectores en textos de distinto tipo.
- Reconocimiento y comentario de cultismos y de préstamos léxicos en diferentes textos.
- Utilización de juegos para aumentar y fijar el vocabulario.

ACTITUDES

- Respeto por las convenciones lingüísticas y por las normas de corrección, coherencia y adecuación en las producciones orales y escritas.
- Reconocimiento de la importancia que tiene un buen dominio del código lingüístico para lograr el máximo fruto en la comunicación oral y escrita.
- Reconocimiento de la valoración social que implica el grado de dominio de la lengua.
- Actitud crítica ante la incorporación de neologismos léxicos.
- Valoración de la lengua como producto y proceso sociocultural que evoluciona y como vehículo de transmisión y creación cultural.
- Actitud positiva hacia la búsqueda de propuestas que superen creativamente lo estrictamente convencional en el uso de las formas de la lengua.

5.4 BLOQUE 4: TÉCNICAS DE TRABAJO

CONCEPTOS

- La información ofrecida por los nuevos soportes (CD-rom, Internet, etc.).
- La presentación de la información. Tratamiento informático de textos (II).

PROCEDIMIENTOS

- Explicación de la terminología empleada en los conceptos.
- Búsqueda de información en la Biblioteca del centro o en el ordenador (CD-Rom, Internet).
- Planificación y realización de trabajos con el ordenador.

ACTITUDES

- Reconocimiento de las posibilidades informativas y formativas de proceder con rapidez y precisión en la búsqueda de datos en diccionarios, enciclopedias y otras obras de consulta, bien en el soporte tradicional, bien en el ofrecido por las Nuevas Tecnologías.
- Valoración de la utilidad que para la comprensión y expresión tienen las técnicas de trabajo: análisis estructural, resúmenes, esquemas, etc.
- Reconocimiento de las posibilidades que ofrecen los procesadores de texto en la presentación de trabajos.

5.5 BLOQUE 5: LITERATURA

CONCEPTOS

- La literatura del siglo XIX:

— El contexto histórico, social y cultural.

— Romanticismo y Realismo. Características generales.

— La literatura romántica.

— Lírica: José de Espronceda, Gustavo Adolfo Bécquer y Rosalía de Castro.

— Teatro: José Zorrilla.

— La narrativa realista: Benito Pérez Galdós y Leopoldo Alas "Clarín".

— La aportación extremeña a la literatura del siglo XIX.

- La literatura del siglo XX:

— El contexto histórico, social y cultural.

— Características generales. Rubén Darío.

— Modernismo y generación del 98.

— La generación del 27.

— La literatura contemporánea.

— Autores más significativos de la lírica, la novela y el teatro.

— Aproximación a la literatura hispanoamericana.

— La aportación extremeña a la literatura del siglo XX.

PROCEDIMIENTOS

- Explicación de la terminología empleada en los conceptos.
- Lectura e interpretación de textos literarios, incluidos los de autores extremeños.

- Identificación de los rasgos formales, semánticos y pragmáticos de los textos literarios.
- Análisis de las relaciones entre los textos literarios y el entorno histórico, social y cultural de su producción.
- Elaboración de un juicio personal argumentado sobre algunos textos literarios, incluidos de autores extremeños.
- Producción de textos de intención literaria de los diferentes géneros, respetando sus características estructurales y buscando un estilo propio de expresión.

ACTITUDES

- Valoración del hecho literario como producto lingüístico, estético y cultural.
- Interés y gusto por la lectura de textos literarios, incluidos los de autores extremeños, de diferentes géneros y épocas, tendiendo a desarrollar criterios propios de selección y valoración.
- Valoración de las diversas producciones literarias en lengua castellana y en las otras lenguas de España como expresión de su riqueza pluricultural y plurilingüe.
- Valoración de la aportación de los autores extremeños a la literatura en lengua castellana.
- Interés y deseo por expresar las propias ideas, sentimientos y fantasías mediante los distintos géneros literarios.
- Sensibilidad estética ante las producciones literarias propias y ajenas, valorando los elementos creativos e innovadores de las mismas.

- Sensibilidad y, en su caso, actitud crítica ante el contenido ideológico de las obras literarias y ante planteamientos de determinados temas y expresiones que suponen una discriminación social, racial, sexual, etc.
- Valoración crítica ante las determinaciones sociales que condicionan el consumo de textos literarios.

6.- EVALUACIÓN

La evaluación es un proceso integral que debe estar en concordancia con las funciones asignadas a la evaluación, con las necesidades que sea preciso cubrir en los diferentes momentos de la vida de un centro o con los componentes que se hayan seleccionado.

Según el caso, procede utilizar las modalidades o tipos de evaluación que resulten más apropiados para el objeto del estudio, de la investigación o del trabajo que se emprende. La evaluación debe cumplir diferentes funciones, tales como:

- **Diagnóstica**. Viene a satisfacer la necesidad de conocer los supuestos de partida para la adaptación de la oferta formativa a los usuarios, así como la toma de decisiones por parte de directivos.

- **Previsora**. Que facilita la estimación de posibilidades de actuaciones o rendimientos, lo que se hace operativo gracias a la información aportada por la evaluación inicial y formativa.

- **Retro-alimentadora**. Proceso de autoevaluación de la práctica educativa y de los procesos de enseñanza y aprendizaje.

- **De control**. Necesaria por las exigencias que se plantean en el ámbito de titulación académica, institución escolar, administración educativa y sistema social. Es lo que conocemos como evaluación sumativa.

Para evaluar debemos basarnos en datos previamente recogidos a través de una serie de instrumentos y técnicas. Estas técnicas pueden ser la observación sistemática del alumno, pruebas objetivas, la participación y trabajo, el comportamiento,... Pero deberemos seleccionarlos ateniéndonos a los objetivos y contenidos que pretendemos evaluar y al momento del proceso de enseñanza-aprendizaje ya que nos puede exigir la utilización de modos diferentes de intervención, lo que conlleva utilizar distintos procedimientos para poder registrarla.

Para fijar los criterios de evaluación nos basaremos en lo establecido por el Currículo Extremeño para 4º E.S.O.

1. Captar las ideas esenciales de textos orales de diferente tipo y distinto nivel de formalización y reproducir su contenido en textos escritos.

2. Elaborar el resumen de una exposición o debate oral sobre un tema específico y conocido, reflejando los principales argumentos y puntos de vista de los participantes.

3. Sintetizar oralmente el sentido global de textos escritos narrativos, descriptivos y dialogados de diferente tipo (incluyendo los propios de la prensa escrita) y distinto nivel de formalización, identificando sus intenciones, diferenciando las ideas principales y secundarias, reconociendo posibles incoherencias o ambigüedades en el contenido y aportando una opinión personal.

4. Integrar informaciones procedentes de diferentes textos sobre un tema con el fin de elaborar un texto de síntesis en el que se reflejen tanto las

principales informaciones y puntos de vista encontrados como el punto de vista propio.

5. Exponer oralmente el desarrollo de un tema de forma ordenada y fluida, ajustándose a un plan o guión previo, siguiendo un orden lógico, adecuando el tema a la situación comunicativa y manteniendo la atención del receptor.

6. Crear textos escritos de diferentes tipos (narrativos, descriptivos y dialogados), adecuándolos a la situación comunicativa y utilizando una estructura organizativa, con un vocabulario rico y variado y respetando los criterios de corrección.

7. Planificar y llevar a cabo, individualmente y en equipo, el uso de diferentes obras de consulta en soportes tradicionales y en los ofrecidos por las Nuevas Tecnologías (Internet, CD-ROM, etc.) y realizar con la información obtenida trabajos sencillos sobre el tema elegido, utilizando procesadores de texto.

8. Identificar el género al que pertenece un texto literario leído en su totalidad y reconocer sus elementos estructurales básicos y los grandes tipos de recursos empleados en él.

9. Establecer relaciones entre movimientos fundamentales en la historia de la literatura en lengua castellana hasta el siglo XVIII y los autores u obras más destacados de cada uno de ellos, incluidos los de Extremadura.

10. Reconocer las diferentes unidades de la lengua, sus combinaciones y, en su caso, la relación entre ellas y sus significados y ser capaz de utilizarlos en el uso oral y escrito del español.

11. Comprender el origen y evolución de la lengua española, identificando y situando sus variedades dialectales. En el caso del extremeño señalar sus áreas e identificar sus rasgos específicos.

12. Identificar y localizar las lenguas constitucionales y conocer las características principales del bilingüismo.

13. Averiguar las principales relaciones de significado entre elementos léxicos.

14. Comprender y producir mensajes en los que se integren el lenguaje verbal y los no verbales (icónico, gestual, musical, etc.), atendiendo a las principales características de la situación de comunicación.

15. Identificar en textos orales y escritos de distinto tipo, imágenes y expresiones que denoten alguna forma de discriminación (social, racial, sexual, etc.), explorar alternativas que eviten el uso de las mismas y utilizarlas en las producciones propias.

A la vez seguiremos los criterios de calificación fijados por el Departamento de Lengua Castellana y Literatura del centro, que se resumen en estos puntos:

- En cada prueba específica el profesor otorgará a cada actividad la puntación que estime conveniente. No obstante se exigirá unos mínimos de corrección comunicativa (coherencia, adecuación), corrección lingüística (corrección gramatical y léxica) y corrección ortográfica.

- Para los trabajos realizados en grupo se asignará la misma calificación a cada uno de los integrantes del grupo.

- El control del cuaderno personal del alumno, reflejo de la actividad diaria, servirá para completar información sobre el proceso de aprendizaje del mismo.
- Faltas de ortografía se evaluarán negativamente.
- La nota final de la evaluación será la que tiene en cuenta las pruebas objetivas-exámenes- del bloque de lengua y literatura (60 % de la nota total), la prueba relativa a las lecturas obligatorias (20%) y el resto corresponderá a los trabajos, el grado de participación, el interés puesto en su ejecución correcta, la observación, las actividades dentro y fuera del aula y la actitud del alumno.

Por último queremos destacar la evaluación destinada a la atención a la diversidad y los alumnos evaluados negativamente en cursos anteriores (pendientes). En cuanto evaluación de alumnos con necesidades educativas especiales se debe asociar diferentes pruebas según sea su desarrollo cognitivo, su tipo de discapacidad, etc. La evaluación de los alumnos con asignaturas pendientes de cursos anteriores debe ser consensuada por el departamento de Lengua Castellana y Literatura.

7.- TEMAS TRANSVERSALES

Los temas transversales se presentan como un conjunto de contenidos que interactúan en todas las áreas del currículo escolar, y su desarrollo afecta a la globalidad del mismo; no se trata pues de un conjunto de enseñanzas autónomas, sino más bien de una serie de elementos del aprendizaje sumamente globalizados.

Partimos del convencimiento de que los temas transversales deben impregnar la actividad docente y estar presentes en el aula de forma permanente, ya que se refieren a problemas y preocupaciones fundamentales de la sociedad.

Como medio de representación que es, la lengua refleja la realidad del individuo y de la sociedad. Por eso, el área de Lengua y Literatura es un espacio privilegiado para incorporar el tratamiento de los temas transversales en la práctica educativa.

Aunque los temas transversales están continuamente presentes, su tratamiento se manifiesta en especial de dos modos:

a. A través de la selección de textos y el trabajo con ellos, puesto que los textos ofrecen situaciones que reflejan actitudes, valores, modos de pensar.

b. Mediante sugerencias al profesor para que guíe exposiciones y debates orales y aproveche cualquier otro elemento que permita reproducir en el aula los temas, las vivencias y los valores del mundo exterior.

Aunque todos los temas transversales están presentes en el diseño del proyecto, en el caso del área de Lengua castellana y Literatura merecen un tratamiento especial los siguientes:

I. **Educación para la convivencia.**

El respeto a la autonomía de los demás y el diálogo como modo de resolver los conflictos se trabajan especialmente al hilo de algunos temas como el debate, el coloquio o la reclamación, y también en algunas lecturas.

II. **Educación para la salud.**

El concepto integral de salud como bienestar físico, psíquico, individual, social y medioambiental se desarrolla a partir de temas del programa de vocabulario, como el cuerpo humano o la salud y la enfermedad. Así mismo, esta cuestión está presente en algunas lecturas.

III. **Educación para la paz.**

Partiendo de la lectura de textos se invita a la reflexión sobre los mecanismos de las sociedades totalitarias, sirviendo de base para la transmisión de valores como la no violencia, la tolerancia y la resolución pacífica de los conflictos. En este sentido actividades que se desarrollan dentro del programa de expresión oral, y muy especialmente las relacionadas con textos argumentativos, son un medio idóneo de transmisión de estos contenidos.

IV. **Educación del consumidor.**

Temas como la publicidad, la propaganda o las reclamaciones y algunas lecturas fomentan una actitud crítica y responsable ante el consumo y los mecanismos del mercado.

V. **Educación no sexista.**

El tratamiento de este tema transversal aparece en textos literarios y expositivos. Otro ejemplo de la presencia de este tema transversal es la atención hacia los usos discriminatorios del lenguaje.

VI. **Educación ambiental.**

La toma de conciencia sobre los problemas que afectan al medio ambiente, objetivo principal de este tema, se desarrolla a partir de textos argumentativos.

VII. **Educación vial.**

Algunos textos periodísticos ofrecen la posibilidad de desarrollar este tema transversal en el aula.

Podemos aprovechar la celebración de determinadas fechas para tratar diversos temas transversales: el 1 de diciembre como el día del SIDA, 26 de enero el día de la PAZ, el 23 de abril el día del LIBRO, el 31 de mayo el día SIN TABACO, etc.

8.- ATENCION A LA DIVERSIDAD

Mediante la atención a la diversidad ajustamos la intervención educativa a la individualidad del alumno y hacemos realidad los principios de normalización e individualización de la enseñanza. Esta atención a la diversidad se lleva a cabo mediante las adaptaciones curriculares -entendidas como modificaciones curriculares más o menos extensas-

- Son estrategias educativas para facilitar el proceso de enseñanza-aprendizaje en algunos alumnos con necesidades educativas específicas.

- Pretenden ser una respuesta a la diversidad individual independientemente del origen de esas diferencias: socioculturales, discapacidad física o psíquica, nivel cognitivo alto o bajo, motivación e intereses, ritmo y estilo de aprendizaje...

Mediante la atención a la diversidad ajustamos la intervención educativa a la individualidad del alumno y hacemos realidad los principios de normalización e individualización de la enseñanza.

A partir del Currículo Oficial, Diseño Curricular Base (primer nivel de concreción) y siguiendo un orden creciente de especialización se pueden distinguir los siguientes niveles de adaptaciones curriculares:

1. **Adaptaciones Curriculares de Centro**:
2. **Adaptaciones Curriculares de Aula:**
3. **Adaptaciones Curriculares Individuales (A.C.I.):**

Adaptaciones Curriculares de Centro:

Son el conjunto de modificaciones o ajustes referidos al centro en su conjunto, a un determinado ciclo o etapa. Se plasman en el Proyecto Educativo de Centro y Proyecto Curricular de Etapa (segundo nivel de concreción).

Adaptaciones Curriculares de Aula:

Son el conjunto de modificaciones o ajustes que se realizan en los distintos elementos de la acción educativa a compartir por todo un grupo concreto de alumnos en el proceso de enseñanza - aprendizaje, y que se plantean específicamente para responder a los alumnos con necesidades educativas que estén en ese grupo. Ubicación de los alumnos en el aula, cambios en actividades grupales que el profesor debe asumir y recoger en su programación (tercer nivel de concreción).

Adaptaciones Curriculares Individuales (A.C.I.):

Son todos aquellos ajustes o modificaciones que se efectúan en los diferentes elementos de la propuesta educativa desarrollada para un alumno con el fin de responder a sus necesidades educativas especiales (n.e.e.) y que no pueden ser compartidos por el resto de sus compañeros (cuarto nivel de concreción).

Las adaptaciones curriculares son de dos tipos:

1. **No Significativas:**

- Modifican elementos no prescriptivos o básicos del Currículo.
- Son adaptaciones en cuanto a los tiempos, las actividades, la metodología, las técnicas e instrumentos de evaluación...
- En un momento determinado, cualquier alumno tenga o no necesidades educativas especiales puede precisarlas.
- Es la estrategia fundamental para conseguir la individualización de la enseñanza y por tanto, tienen un carácter preventivo y compensador.
- Por ejemplo: eliminación de barreras arquitectónicas, adecuada iluminación y sonoridad, Braille, lupas, telescopios, ordenadores, grabadoras, Lenguaje de Signo...

2. **Significativas o Muy Significativas:**

- Modificaciones que se realizan desde la programación, previa evaluación psicopedagógica, y que afectan a los elementos prescriptivos del currículo oficial por modificar objetivos generales de la etapa, contenidos básicos y nucleares de las diferentes áreas curriculares y criterios de evaluación

La adaptación curricular que se realiza para un alumno/a concreto debe realizarse por el conjunto de profesionales que intervienen en el proceso educativo. Además las decisiones tomadas deben recogerse por escrito en lo que se llama **Documento Individual de Adaptación Curricular**. El DIAC incluirá:

- Datos de identificación del alumno
- Datos de identificación del documento
- Información sobre la historia personal y educativa del alumno
- Nivel de competencia curricular
- Estilo de aprendizaje y motivación para aprender
- Contexto escolar y socio-familiar
- Propuesta curricular adaptada, seguimiento y evaluación

9.- ACTIVIDADES EXTRAESCOLARES

Las siguientes actividades servirán para desarrollar aspectos del currículo. El departamento de Lengua Castellana y Literatura tiene previstas para el curso escolar:

- Visita a un periódico regional o emisora local
- Asistencia a una representación teatral de alguna obra estudiada durante el curso
- Asistencia a un recital de poesía de autores extremeños y una excursión al Xálima (Sierra de Gata) para estudiar las variedades dialectales de nuestra comunidad.

Además el departamento por la celebración del Día del Libro oferta al alumnado una serie de actividades tales como:

- Creación de Ex Libris
- Concursos literarios
- Taller de encuadernación
- Cuentacuentos
- Lecturas dramatizadas
- Etc.

10.- DOCUMENTOS ASOCIADOS A LA PROGRAMACIÓN

Por último vamos a señalar algunos documentos asociados a la programación y que son de utilidad para mejorar la práctica docente.

Memoria final de curso.

En la que debe constar el resultado, una evaluación de la metodología empleada, de los temas tranversales tratados, de la atención a la diversidad...es decir, una autoevaluación del departamento.

Informe para los alumnos evaluados negativamente en cursos anteriores.

Aportar un documento para que el alumno conozca cuáles son los contenidos a recuperar.

Informe del profesor de la asignatura

Donde haga constar los contenidos, tipo de actividades, libro de texto utilizado y lecturas obligatorias del curso. De este modo el profesor del curso siguiente sabrá objetivamente los conocimientos previos del alumno.

11.- USO DE LAS TECNOLOGÍAS DE LA INFORMACION Y LA COMUNICACIÓN

Dentro de los objetivos pedagógicos de la Junta de Extremadura se encuentra el de potenciar el uso de las TIC en los procesos de enseñanza-aprendizaje.

Para el correcto uso de las Tecnología de la Información y Comunicación debemos hacer una selección exhaustiva ateniéndonos a los contenidos a desarrollar, objetivos propuestos, material del que disponemos, funcionamiento de los equipos, etc.

En nuestra comunidad autónoma disponemos de material informático y programas como "control aula" o "aula-linex" que nos permiten sacar el máximo partido a este nuevo soporte: acceder a páginas web, visualizar vídeos y hacer ejercicios interactivos.

Para 4º ESO he llevado a cabo una selección de programas y páginas Web para desarrollar el currículo de Lengua Castellana y Literatura:

www.el-castellano.com

Portal sobre el idioma español que informa diariamente de las novedades literarias y filológicas. Incluye una selección de diccionarios consultables *on line,* una página sobre etimologías, un apartado de gramática con las principales reglas del español actual y un rincón del traductor. También cuenta con una sección sobre *spanglish* que puede ser útil para trabajar en clase los extranjerismos.

www.rinconcastellano.com

Portal que ofrece una extensa cronología de la literatura española, desde la época medieval hasta la contemporánea. También pueden consultarse los resúmenes por capítulos de algunas de las obras más importantes de nuestra literatura. Aparecen, además, apuntes sobre gramática y una sección dedicada a citas y proverbios.

www.escritoresdeextremadura.org

Página creada por profesores de la Comunidad donde podemos acceder a la biografía, obras y fragmentos destacados de obras de autores extremeños o vinculados a nuestra región. Además los distintos autores están clasificados por siglos, corrientes literarias, localidades, géneros y apellidos.

www.cvc.cervantes.es

Esta página del Instituto Cervantes se dedica a la promoción y la enseñanza de la lengua, y a la difusión de las culturas española e hispanoamericana. Incluye una síntesis de los cambios más importantes ocurridos en la evolución del español, textos de distintas épocas, información y juegos interactivos sobre lexicografía, historia de las palabras o formación de palabras en español.

Muy interesantes, también, resultan los monográficos sobre varios de los autores que se trabajan durante el curso (Clarín, Luis Cernuda, Camilo José Cela, Nicolás Guillén...).

www.lenguayliteratura.org

Sitio muy interesante que incluye amplias referencias sobre diversos temas relacionados con la lengua y la literatura castellanas: estudios monográficos sobre autores, diccionarios, actividades de sintaxis, ortografía, métrica...

Ofrece también numerosos enlaces sobre páginas dedicadas a autores y corrientes literarias, que pueden ser de gran utilidad en clase para el profesor/a.

www.geocities.com/szamora.geo

Se incluyen amplias referencias sobre multitud de materias (historia de la lengua española, gramática y ortografía, autores y obras literarias...) que pueden ser de gran utilidad para el profesor/a.

Ofrece, además, interesantes recursos que permiten abordar el tema de la creciente difusión de nuestro idioma en todo el mundo, su relación con los medios de comunicación y las características del español de América.

12.- UNIDADES DIDÁCTICAS

12.1 DISTRIBUCION DE LOS CONTENIDOS

Los contenidos que hay que impartir en 4º de E.S.O. se han dividido en 15 unidades didácticas, distribuyendo en cada trimestre unidades de lengua y literatura.

Primer trimestre:

U.D 1. La información en los soportes informáticos.................. 8 sesiones

U.D 2. La comunicación.. 8 sesiones

U.D 3 La exposición.. 8 sesiones

U.D 4. La argumentación.. 8 sesiones

U.D 5. La literatura del siglo XIX.. 8 sesiones

Segundo trimestre:

U.D 6. Las Oraciones compuestas.. 8 sesiones

U.D 7. El texto: Concordancia, orden y sintaxis......................... 8 sesiones

U.D 8. Formación del léxico español...................................... 8 sesiones

U.D 9. La narrativa del siglo XX.. 8 sesiones

U.D 10. La lírica del siglo XX.. 8 sesiones

Tercer trimestre:

U.D 11. El español actual... 8 sesiones

U.D 12. El extremeño.. 8 sesiones

U.D 13. El español de América.. 8 sesiones

U.D 14. La literatura española de posguerra (años 40-70).......... 8 sesiones

U.D 15. Tratamiento informático de textos (II)......................... 8 sesiones

12.2 PRIMER TRIMESTRE

A lo largo del **primer trimestre** vamos a pretende tratar unos determinados **contenidos actitudinales:**

- Actitud crítica ante el contenido ideológico implícito o explícito en textos expositivos y argumentativos.

- Interés por conocer y dominar las posibilidades comunicativas de la lengua, en concreto las estructuras expositivas y argumentativas.

- Interés por la búsqueda de información mediante soporte tradicionales y nuevos soportes de la comunicación.

- Valoración del hecho literario como producto lingüístico, estético y cultural.

- Interés y gusto por la lectura de textos literarios de diferentes géneros y épocas, tendiendo a desarrollar criterios propios de selección y valoración.

12.2.1 UNIDAD DIDÁCTICA 1: LA INFORMACION EN LOS NUEVOS SOPORTES INFORMÁTICOS

OBJETIVOS DIDÁCTICOS

- Aprender contenidos de Lengua Castellana y Literatura a través de la información obtenida por el ordenador.
- Conocer la terminología básica de la asignatura en 4º curso.
- Conocer y buscar información sobre la materia de Lengua Castellana y Literatura a través de Internet.
- Iniciarse en el comentario de textos.

CONTENIDOS DE LA UNIDAD

- Conceptuales
  - Conocimiento de la terminología básica de LCL de 4º curso.
  - Iniciación del comentario de textos.
  - Búsqueda de información sobre la asignatura de LCL en internet.
  - Conocimiento de algunas páginas web sobre LCL de 4º.
- Procedimentales
  - Búsqueda de información en el ordenador (CD-rom, internet).
  - Planificación y realización de trabajos con el ordenador.
  - Obtención de contenidos de LC a través de la información obtenida por el ordenador.

12.2.2 UNIDAD DIDÁCTICA 2:

LOS ELEMENTOS DE LA COMUNICACIÓN EN LOS MEDIOS AUDIOVISUALES. LA PUBLICIDAD

OBJETIVOS DIDÁCTICOS

- Conocer y comprender actos de comunicación de todo tipo. Desarrollar la competencia comunicativa del alumno.
- Relacionar los aspectos lingüísticos con los extralingüísticos en los actos de comunicación humana.
- Conocer la caracterización de los diferentes medios de comunicación de masas; sus tipos, recursos y funciones. La publicidad.
- Aprender a ser críticos y analíticos con los medios de comunicación de masas.

CONTENIDOS DE LA UNIDAD

- Conceptuales.
  - Acercamiento de lenguaje y comunicación. Redefinición de los conceptos de signo, código, elementos de la comunicación y funciones del lenguaje.
  - Relación entre los signos lingüísticos y no lingüísticos en la comunicación humana así como en los medios de comunicación y la publicidad.
  - Conocimiento de los rasgos característicos de los medios de comunicación de masas.
  - Estudio de los géneros periodísticos y las funciones y recursos de la publicidad.

- Procedimentales

— Identificación y análisis de los actos de comunicación. Descubrimiento de las distintas funciones que cumplen lo verbal y lo no verbal en prensa, radio, televisión, internet.

— Elaboración de mensajes adecuados en diferentes situaciones.

— Análisis de las diferencias, semejanzas y relaciones entre las distintas manifestaciones de los medios de comunicación.

— Análisis de los elementos y los recursos que integran la publicidad. Descubrimiento de intenciones comunicativas encubiertas en mensajes publicitarios.

12.2.3 UNIDAD DIDÁCTICA 3:
LA EXPOSICIÓN ORAL Y ESCRITA. ESTRUCTURAS ARGUMENTATIVAS

OBJETIVOS DIDÁCTICOS

- Comprender y producir discursos expositivos con calidad lingüística y pragmática.
- Reconocer textos expositivos en diferentes contextos, reconocer sus principales formas y estructuras.
- Aumentar la competencia lingüística en los medios oral y escrito a través del ejercicio de la estructura textual expositiva.
- Establecer y utilizar relaciones entre la estructura textual expositiva y otras, especialmente la argumentativa.

CONTENIDOS DE LA UNIDAD

- Conceptos
  - — Definición y límite del discurso expositivo.
  - — La exposición como forma elocutiva del lenguaje especulativo, científico, divulgativo y didáctico.
  - — Relación entre el discurso expositivo y el argumentativo.
  - — Conocimiento de las estructuras formales del texto expositivo: conferencia, trabajo monográfico, curriculum vitae, instancia, carta, correo electrónico, etc.
- Procedimientos
  - — Lectura, resumen y análisis de varios tipos de estructuras expositivas.
  - — Producción e interpretación de textos expositivos breves, orales y escritos.
  - — Búsqueda de textos de carácter expositivos en los soportes tradicionales de búsqueda de información como en las Nuevas Tecnologías.

12.2.4 UNIDAD DIDÁCTICA 4:
LA ARGUMENTACIÓN ORAL Y ESCRITA. ESTRUCTURAS ARGUMENTATIVAS

OBJETIVOS DIDÁCTICOS

- Comprender y producir discursos argumentativos con calidad lingüística y pragmática.
- Reconocer textos argumentativos en diferentes contextos, reconocer sus principales formas y estructuras.
- Aumentar la competencia lingüística en los medios oral y escrito a través del ejercicio de la estructura textual argumentativa.
- Establecer y utilizar relaciones entre la estructura textual argumentativa y otras, especialmente la expositiva.

CONTENIDOS DE LA UNIDAD

- Conceptos
  — Definición y límite del discurso argumentativo.
  — La argumentación como forma elocutiva.
  — Relación entre el discurso expositivo y el argumentativo.
  — Conocimiento de las estructuras formales del texto argumentativo: debate, ensayo, reclamación, recurso, etc.

- Procedimientos
  — Lectura, resumen y análisis de varios tipos de textos argumentativos.
  — Producción e interpretación de textos argumentativos breves, orales y escritos.
  — Búsqueda de textos de carácter argumentativos en los soportes tradicionales de búsqueda de información(por ej: prensa) como en las Nuevas Tecnologías(Internet)

12.2.5 UNIDAD DIDÁCTICA 5:
LA LITERATURA DEL SIGLO XIX. APORTACIÓN EXTREMEÑA

OBJETIVOS DIDÁCTICOS

- Conocer el contexto histórico de la etapa que se estudia (s. XIX).
- Reconocer el movimiento romántico, sus principales características, así como los autores y obras más representativos de esta corriente.
- Analizar e interpretar adecuadamente los textos románticos y realistas.
- Leer una obra romántica, las *Rimas* de Gustavo Adolfo Bécquer.
- Producir textos siguiendo las pautas románticas y realistas.

CONTENIDOS DE LA UNIDAD

- Conceptuales

— Conocimiento histórico de la literatura romántica y realista; así como los aspectos socio-culturales que provocan su aparición.

— Definición y características principales.: Romanticismo y Realismo.

— Indagación en la lírica romántica y la narrativa realista.

— Dominio de las obras y autores más representativos de estos movimientos, incluidos los autores extremeños.

- Procedimentales

— Lectura e interpretación de textos literarios, incluidos los de autores extremeños.

— Identificación de los rasgos formales, semánticos y pragmáticos de los textos literarios. Comparación y diferenciación de géneros.

— Análisis de las relaciones entre los textos literarios y el entorno histórico, social y cultural de su producción.

— Comparación de literatura y cine a través de un fragmento literario llevado a la gran pantalla.
— Producción de textos de intención literaria de los diferentes géneros, respetando sus características estructurales y buscando un estilo propio de expresión.

12.3 SEGUNDO TRIMESTRE

A lo largo del **segundo trimestre** vamos a pretende tratar unos determinados **contenidos actitudinales:**

- Valoración de un texto bien construido a partir del conocimiento de las estructuras oracionales complejas.

- Interés por construir textos sujetos a las por las normas de corrección, cohesión, coherencia y adecuación en las producciones orales y escritas.

- Valoración de la importancia de la adquisición de léxico para mejorar nuestras producciones comunicativas orales y escritas.

- Interés y deseo por expresar las propias ideas, sentimientos y fantasías mediante los distintos géneros literarios.

- Sensibilidad estética ante las producciones literarias propias y ajenas, valorando los elementos creativos e innovadores de las mismas.

12.3.1 UNIDAD DIDÁCTICA 6:
LA ORACION COMPUESTA: TIOS Y MARCADORES DISCURSIVOS

OBJETIVOS DIDÁCTICOS

- Diferenciar oraciones simples y compuestas dentro de un texto.
- Reconocer las distintas variedades de oraciones compuestas.
- Distinguir los tipos de enlaces oracionales.
- Conocer los principales marcadores discursivos, así como su función en el texto.

CONTENIDOS DE LA UNIDAD

- Conceptuales

— Reconocimiento de las oraciones compuestas yuxtapuestas, coordinadas y subordinadas.

— Distinción de los tipos de enlaces coordinantes y subordinantes.

— Conocimiento de los principales marcadores discursivos y de sus funciones en el texto.

- Procedimentales

— Análisis de oraciones simples y compuestas.

— Búsqueda de distintos tipos de oraciones en varios textos literarios.

— Producción de textos con diferentes modalidades oracionales.

— Búsqueda de distintos marcadores discursivos en un texto.

— Producción de un texto en el que se introduzcan los marcadores estudiados.

12.3.2 UNIDAD DIDÁCTICA 7:
EL TEXTO: CONCORDANCIA, ORDEN Y SINTÁXIS

OBJETIVOS DIDÁCTICOS

- Conocer el concepto de texto y sus características más relevantes.
- Reconocer las principales propiedades del texto: adecuación, coherencia y cohesión.
- Asimilar los mecanismos de coherencia y de cohesión textual.
- Reconocer la buena construcción de un texto.
- Corregir los malos usos en la producción textual.

CONTENIDOS DE LA UNIDAD

- Conceptuales
  - Conocimiento del concepto de texto y sus características más relevantes.
  - Reconocimiento de las principales propiedades del texto: adecuación, coherencia y cohesión.
  - Adquisición de los mecanismos de coherencia y cohesión textual.

- Procedimentales
  - Reconocer la buena construcción de un texto.
  - Corregir los malos usos en la producción textual.
  - Copia de textos y realización de trabajos en el ordenador con utilización a priori y a posteriori de correctores ortográficos.

12.3.3 UNIDAD DIDÁCTICA 8: FORMACION DEL LÉXICO EN ESPAÑOL

OBJETIVOS DIDÁCTICOS

- Reconocer el léxico como un nivel lingüístico.
- Recordar las principales técnicas de formación de léxico: composición, derivación y parasíntesis.
- Conocer otras técnicas de formación de léxico de la lengua española: voces patrimoniales, préstamos y neologismos.
- Valorar la importancia del léxico para adquirir una adecuada expresión y comprensión oral y escrita.

CONTENIDOS DE LA UNIDAD

- Conceptuales

— Distinción de los niveles del lenguaje, y dentro de éstos, del léxico.

— Repaso de tres mecanismos de formación de léxico: composición, derivación, parasíntesis, siglas, acrónimos.

— Adquisición de otras técnicas de formación de léxico de la lengua española: voces patrimoniales, préstamos y neologismos.

- Procedimentales

— Búsqueda de los mecanismos de formación de palabras (compuestas, derivadas y parasintéticas) en un texto.

— Reconocimiento y comentario de cultismos y de préstamos léxicos en diferentes textos.

— Utilización de juegos para aumentar y fijar el vocabulario.

— Composición de textos propios en el que se introduzcan palabras compuestas, derivadas, parasintéticas, siglas, acrónimos, neologismos y préstamos

12.3.4 UNIDAD DIDÁCTICA 9: LA NARRATIVA DEL SIGLO XX. APORTACIÓN EXTREMEÑA

OBJETIVOS DIDÁCTICOS

- Conocer las principales corrientes de la narrativa hispánica en el siglo XX, relacionándolas con el contexto histórico, social y cultural.
- Distinguir a los autores y obras más representativas de cada corriente literaria.
- Reconocer las características más comunes de cada movimiento en los propios textos literarios.
- Valorar la importancia de la narrativa hispanoamericana para las letras en el siglo XX.
- Interesarse por la aportación de la literatura extremeña a la narrativa del siglo XX.

CONTENIDOS DE LA UNIDAD

- Conceptuales
  - Conocimiento de las corrientes narrativas del siglo XX, relacionándolas con el contexto histórico, social y cultural en el que se desarrollan.
  - Distinción de los autores y obras más representativas de cada corriente literaria.
  - Conocimiento de los autores y obras hispanoamericanas más sobresalientes dentro de la narrativa del siglo XX.
  - Reconocimiento de la aportación de la literatura extremeña a la narrativa española del siglo XX.

- <u>Procedimentales</u>

— Lectura e interpretación de textos literarios, incluidos los de autores extremeños e hispanoamericanos.

— Identificación de los rasgos formales, semánticos y pragmáticos de los textos literarios. Comparación y diferenciación de géneros.

— Análisis de las relaciones entre los textos literarios y el entorno histórico, social y cultural de su producción.

— Comparación de textos literarios de diferentes épocas.

— Producción de textos de intención literaria de los diferentes géneros, respetando sus características estructurales y buscando un estilo propio de expresión.

— Lectura de una novela actual de una autora extremeña.

12.3.5 UNIDAD DIDÁCTICA 10: LA LÍRICA SIGLO XIX. APORTACIÓN EXTREMEÑA

OBJETIVOS DIDÁCTICOS

- Conocer las principales corrientes de la lírica hispánica en el siglo XX, relacionándolas con el contexto histórico, social y cultural.
- Distinguir a los poetas y obras más representativas de cada corriente literaria.
- Reconocer las características más comunes de cada movimiento en los propios textos literarios.
- Valorar la importancia de la lírica hispanoamericana para las letras en el siglo XX.
- Interesarse por la aportación de la literatura extremeña a la narrativa del siglo XX.

CONTENIDOS DE LA UNIDAD

- Conceptuales
  — Conocimiento de las corrientes lírica del siglo XX, relacionándolas con el contexto histórico, social y cultural en el que se desarrollan.
  — Distinción de los poetas y obras más representativas de cada corriente literaria.
  — Conocimiento de los poetas y obras hispanoamericanas más sobresalientes dentro de la lírica del siglo XX.
  — Reconocimiento de la aportación de la literatura extremeña a la lírica española del siglo XX.

- <u>Procedimentales</u>

— Lectura e interpretación de textos literarios, incluidos los de autores extremeños e hispanoamericanos.

— Identificación de los rasgos formales, semánticos y pragmáticos de los textos literarios. Comparación y diferenciación de géneros.

— Análisis de las relaciones entre los textos literarios y el entorno histórico, social y cultural de su producción.

— Comparación de textos literarios de diferentes épocas.

— Producción de textos de intención literaria del género lírico, respetando sus características estructurales y buscando un estilo propio de expresión.

12.4 TERCER TRIMESTRE

A lo largo del **tercer trimestre** vamos a pretende tratar unos determinados **contenidos actitudinales:**

- Interés y gusto por la lectura de textos literarios, incluidos los de autores extremeños e hispanoamericanos, de diferentes géneros y épocas, tendiendo a desarrollar criterios propios de selección y valoración.
- Valoración de las diversas producciones literarias en lengua castellana y en las otras lenguas de España como expresión de su riqueza pluricultural y plurilingüe.
- Reconocimiento de las posibilidades informativas y formativas de proceder con rapidez y precisión en la búsqueda de datos en diccionarios, enciclopedias y otras obras de consulta, bien en el soporte tradicional, bien en el ofrecido por las Nuevas Tecnologías.
- Valoración del español de América como una modalidad más del castellano.
- Interés y deseo por expresar las propias ideas, sentimientos y fantasías mediante los distintos géneros literarios.
- Valoración de la utilidad que para la comprensión y expresión tienen las técnicas de trabajo: análisis estructural, resúmenes, esquemas, etc.

12.4.1 UNIDAD DIDÁCTICA 11: EL ESPAÑOL ACTUAL

OBJETIVOS DIDÁCTICOS

- Conocer la realidad sociolingüística de España en la actualidad.
- Desarrollar una conciencia lingüística capaz de valorar las diferentes lenguas y modalidades del Estado, con el fin de generar respeto a la diversidad.
- Reconocer la relevancia del idioma español en el mundo.
- Distinguir los rasgos lingüísticos propios de las principales variedades del español.
- Respetar la manera de expresarse de todos los hispanohablantes.

CONTENIDOS DE LA UNIDAD

- Conceptuales
  - Aclaración de los conceptos de lengua, dialecto, modalidad o variedad lingüística, bilingüismo y diglosia.
  - Conocimiento de las lenguas oficiales de España así como de su distribución geográfica.
  - Reconocimiento de la importancia del castellano en el mundo por su extensión y por su utilización como lengua de comunicación.
  - Distinción de las principales variedades del castellano actual, diferenciando principalmente entre castellano septentrional y meridional.
  - Estudio de los rasgos lingüísticos propios de zonas más concretas en las que se habla una variedad del castellano.

- <u>Procedimentales</u>

— Localización en un mapa del mundo de los países donde se habla español.

— Búsqueda de información sobre diferentes modalidades lingüísticas en internet y en la biblioteca.

— Extracción de rasgos lingüísticos a partir de textos orales y escritos.

— Análisis y relación de determinados rasgos lingüísticos con una zona determinada en la que se habla español.

— Producción de textos relacionados con el tema del uso del español actual, para mostrar la opinión propia al respecto.

12.4.2 UNIDAD DIDÁCTICA 12: EL EXTREMEÑO: RASGOS DIALECTALES Y VULGARISMOS

OBJETIVOS DIDÁCTICOS

- Conocer y reconocer los rasgos lingüísticos generales del extremeño como modalidad del castellano.
- Diferenciar las áreas lingüísticas del extremeño.
- Conocer textos literarios importantes con rasgos del extremeño.
- Leer un libro en extremeño.
- Valorar el extremeño como una modalidad lingüística del castellano.

CONTENIDOS DE LA UNIDAD

- Conceptuales

— Conocimiento y reconocimiento de los rasgos lingüísticos más relevantes del extremeño.

— Estudio pormenorizado de los rasgos diferenciadores de las distintas áreas lingüísticas dentro de Extremadura.

— Reconocimiento de obras literarias y autores que reflejan la forma de hablar del pueblo extremeño en su época.

- Procedimentales

— Análisis de los rasgos de las principales hablas del extremeño sobre textos orales transcritos.

— Localización en un mapa de Extremadura de las diferentes áreas lingüísticas del extremeño.

— Lectura y análisis de un libro que transcribe las hablas extremeñas.

12.4.3 UNIDAD DIDÁCTICA 13: EL ESPAÑOL DE AMÉRICA

OBJETIVOS DIDÁCTICOS

- Conocer el origen y desarrollo del español en América.
- Descubrir los rasgos más representativos del español de América.
- Relacionar aspectos lingüísticos con otros históricos, sociales, culturales, económicos, etc.
- Conocer la labor de algunos escritores hispanoamericanos.
- Desarrollar una conciencia lingüística capaz de valorar las diferentes modalidades del español, con el fin de generar respeto a la diversidad.

CONTENIDOS DE LA UNIDAD

- Conceptuales
  - — Conocimiento y reconocimiento de los rasgos lingüísticos más relevantes del extremeño.
  - — Conocimiento de la implantación y desarrollo del español a América en el S. XV.
  - — Descubrimiento de los rasgos principales del español hablado en América, dentro del español meridional.
- Procedimentales
  - — Análisis de los principales rasgos de las manifestaciones del español de América a través de producciones televisivas de diferentes países hispanoparlantes.
  - — Lectura de textos literarios hispanoamericanos que manifiesten la oralidad para analizar sus rasgos lingüísticos, pero también para conocer diferentes momentos sociales importantes o situaciones peculiares que retraten.

- Localización de los rasgos del español de América en audiciones de canciones cantados por hispanoamericanos.
- Búsqueda de información sobre escritores hispanoamericanos.

12.4.4 UNIDAD DIDÁCTICA 14:
EL TEATRO DEL SIGLO XX.APORTACION EXTREMEÑA

OBJETIVOS DIDÁCTICOS

- Conocer las principales corrientes del teatro español en el siglo XX, relacionándolas con el contexto histórico, social y cultural.
- Distinguir a los dramaturgos y obras más representativas de cada corriente literaria.
- Reconocer las características más comunes de cada movimiento en los propios textos literarios.
- Leer e interpretar una obra teatral entera.
- Dramatizar textos teatrales.
- Interesarse por la aportación de la literatura extremeña al teatro del siglo XX.

CONTENIDOS DE LA UNIDAD

- Conceptuales
  - — Conocimiento de las corrientes teatrales del siglo XX, relacionándolas con el contexto histórico, social y cultural en el que se desarrollan.
  - — Distinción de los dramaturgos y obras más representativas de cada corriente literaria.
  - — Reconocimiento de la aportación de la literatura extremeña a la lírica española del siglo XX.

- Procedimentales

  — Lectura, interpretación y dramatización de textos literarios, incluidos los de autores extremeños.

  — Identificación de los rasgos formales, semánticos y pragmáticos de los textos literarios.

  — Análisis de las relaciones entre los textos literarios y el entorno histórico, social y cultural de su producción.

  — Elaboración de un juicio personal argumentado sobre algunos textos literarios, incluidos de autores extremeños.

  — Producción de textos de intención literaria del género dramático, respetando sus características estructurales y buscando un estilo propio de expresión.

12.4.5 UNIDAD DIDÁCTICA 15: LA PRESENTACION DE LA INFORMACIÓN. TRATAMIENTO INFORMÁTICO DE TEXTOS (II)

OBJETIVOS DIDACTICOS

- Manejar el ordenador para el tratamiento informático de textos.
- Utilizar el ordenador para presentar la exposición de temas.
- Recordar algunos contenidos elementales de la asignatura de LCL de 4º de E.S.O.

CONTENIDOS DE LA UNIDAD

- Conceptuales

— Conocimiento de las posibilidades del ordenador para la presentación de temas y el tratamiento de textos.

— Reconocimiento de algunos contenidos elementales de la asignatura de LCL de 4º de E.S.O.

- Procedimentales

— Planificación y realización de trabajos con el ordenador.

— Soltura en el manejo el ordenador para el tratamiento informático de textos.

— Utilización del ordenador para presentar la exposición de un tema.

13.-BIBLIOGRAFIA

- Decreto 87/2002, de 25 de junio por el que se establece el Currículo de Educación Secundaria Obligatoria en Extremadura
- INSTRUCCIONES de 7 de julio de 2004, de la Secretaría General de Educación, por la que se concretan las normas de carácter general a las que deben adecuar su organización y funcionamiento los Centros de Educación Secundaria dependientes de la Consejería de Educación, Ciencia y Tecnología
- Real Decreto 83/1996, de 26 de enero por el que se aprueba el Reglamento Orgánico de los institutos de Educación Secundaria.
- Orden de 2 de julio de 2002, por la que se establecen normas de organización de los Institutos de Educación Secundaria Obligatoria.
- Orden de 4 de julio de 2002, por la que se establece y regula el horario semanal del segundo ciclo de Educación Secundaria Obligatoria en la Comunidad Autónoma de Extremadura.
- Martínez Jiménez, José Antonio, *Lengua Castellana y Literatura. 4º ESO*, editorial Akal
- García, Ángel Luis y Echazarrate, José María, Lengua Castellana y Literatura. 4ºESO, editorial Editex
- Blanco Rubio,P, *Canal 4,* editorial Vicens-vivens
- Blasco, P, *Lengua castellana y literatura 4º ESO,* editorial Mc Graw-Hill.

www.ingramcontent.com/pod-product-compliance
Ingram Content Group UK Ltd.
Pitfield, Milton Keynes, MK11 3LW, UK
UKHW050614260726
13967UKWH00008B/2861